DEVISES
ROYALES
PAR ADRIAN
D'AMBOISE,
AV ROY.
A Paris
Chez Robert Boutonne
Rüe S. Iean en la gallerie
des Prisonniers, prez
la Chancellerie.
M·D·C·XXI.

DEVISES
ROYALES·

Vn seul en deffend deux.

CE T ouvrage de Devises & emble-
mes heroiques ayant eté deterré
des tenebres, où il gisoit en poussiere &

A

obfcurité, & remis en lumiere pour le
fervice de noftre gentil & vertueux
Roy le Tres-chreftien LOVYS XIII.
à ce que fa Maiefté y puiffe prendre
quelque plaifir & inftruction : on ne luy
fçauroit propofer vn miroir plus poli,
que la memoyre de fon pere le grand
Henri IIII. afin que fon adolefcence
ayant jour & nuit cet Enée, & cet Hector devant les yeux, apprenne par les
exemples paternels le vray labeur & la
folide vertu, & qu'on dife de luy comme d'Alexandre ; qu'en la grandeur gi-
fent tous fes ebas, & que fes conqueftes
ne foyent moindres que de l'vne des
grandes parties du monde. Or comme
ce grand pafteur des peuples n'ayma iamais de fon vivant d'etre flaté, & a efté
plus loué & chanté apres fon deces luy
feul que n'ont iamais efté fes devanciers
tous enfemble : Temoin que deux gros
tomes n'ont été capables d'vne partie de
fes oraifons funebres. Ainfi fans entrer
en ce profond Ocean, ie me contente-
ray de vous dire que fa devife qui fe void
icy figuree de deux fceptres en fautoir
traverfez d'vne epee mife en pal, nous

represente la paix & la guerre & la con-
queste, deffense, protection, & gouver-
nement de ses deux grands Royaumes
France & Navarre: Celuy des Gaules
par le sceptre au bout fleur de-lisé: car
cette fleur descenduë du Ciel est mar-
que particiere a cette vaillante na-
cion: celluy de Navarre se contentant
d'vn fleuron vulgayre: tous deux ioins
& croysez par l'vnion inseparable iadis
commencee sous autres Roys & de pre-
sent renouvellee & venuë a son dernier
terme, dont on ne verra jamais le bout.
Que le sceptre soit le baton de la Royauté outre ce que nous en lisons ez livres
sacréz mesmes dans Hester, Homere le
confirme assez en la personne d'Aga-
memnon qui iurant par le sien, qui vne
fois retranché de son tronc ne pourra
iamais rejetter fleurs ne feilles. Et mesmes cet ingenieux Poëte attribue a chaque divinité son outil en particulier : a
Iupiter son foudre, a Neptune son tri-
dent, Pluton sa fourche-fiere, Mars sa
hache, Hercul sa masse, Mercure son ca-
ducee.

　　Ces deux estats luy sont escheuz com-

me chacun sçait a titre successif, l'vn du
costé maternel par la mayson d'Albret
qui a recueilly ce Royaume le plus ancien de toutes les Espagnes, de la cheu-
te des maysōs de Foix, d'Eureux, & de
ces autres vieux Navarrois, l'autre du
costé Paternel par la descente en ligne
directe de ce victorieux & debonayre
Sainct Lois.

Mais on pourroit encor y adjouster vn
titre plus magnifique du conquêt, que
ce fortuné Prince a esté contraint fayre
de ses propres heritages. Car des ses ten-
dres ans il fut traversé en la jouïssance
de ses terres voysines des Pyrenees, &
depuis il a veu toutes les meilleures citez & provinces entieres auec grand
partie de sa noblesse se bander & liguer
contre luy : & a fallu qu'à la pointe de
cette épee es pleines d'Arques, d'Yvri,
& autres lieux de remarque, & en plusieurs sieges & assaux il se soit fait recon-
noistre : voyres qu'il ay a a force recon-
quis sur l'etranger ses places, comme A-
miens qui ja rendues vne foys a luy, s'é-
toient laissees perdre par leur faute. Et
partant on à veu reluyre sa clemence

comme la plus excellente de ſes vertus,
& la plus neceſſaire. Cette épee n'a pas
ſeulement ſervi ez guerres, mais icelles
finies par l'heureuſe paix qu'il nous a
donnee, il en à vſé a la protection de
ſes peuples & citez, à les preſerver de
l'ennemi étranger, & auſſi a leur diſtri-
buer egallement la ſouveraine iuſtice,
dont le glayue porte vne notoire ſignification: & c'eſt pourquoy l'Apoſtre dit
que le Prince ne le porte ſans cauſe, &
ce bon Empereur Trajan mettant l'é-
pee en la main de ſon premier officier
le prefect de ſon pretoyre, luy dit vſe en
pour mon ſervice d'autant que tu me
verras fayre mon devoir en cette digni-
té imperiale.

Es hieroglifiques eſt peinte vne épee
dont la pointe porte vne balance. Marcellin recite livre 31. que les Alains ado-
roient l'épee qu'à cette fin ils auoient fi-
chee en terre.

Charles cinquiéme a bon droit nommé le ſage preſenta à ſon fils Doſin qui
depuis fut le Roy Charles ſixiéme le
choix & option d'vn ſceptre & vne couronne d'vne part d'vn heaume & d'vne

épee d'autre. Mais ce ieune Prince qui
avoit l'efprit boüillant encor qu'il n'eut
attaint l'an treiziéme de fon aage choy-
fit le glayve & l'habillement de tefte:
election genereufe, mais qui luy fut vn
prefage des grandes & perilleufes guerres, qui devoient de fon tems affliger la
France. Dieu veille que nous & les no-
tres rendion fi entiere obeiffance a ce
genereux rejetton de Sainct Lois, &
que les voyfins l'ayent en tel refpect
pour fes vertus heroïques qu'il n'aye
que fayre à jamais de ces armes offenti-
ves & fe tienne aux couronnes & aux
fceptres que fon pere luy a acquifes &
delaiffees, & que noftre Prince fon frere en puiffe au loin conquerir d'autres.

Force & ſageſſe vainquent.

D'OV pourroit mieux vn grand
Roy des Gaules recueillir ſa deviſe, que dans les cendres & reliques de
la venerable antiquité Gauloyſe pour en
fayre revivre Hercule & Hector ſes plus
illuſtres & anciens anceſtres ſi nous
croyon à Ronſard en la harangue fait-
te au ſiege de Metz, quand il fait parler
le Prince Lorrain Lieutenant du Roy,

Henri II. en cette forte.

Sus courages François, fus fus monftrez vous
*   or,*
De la race d'Hercule, & de celle d'Hector.
Hercule apres avoir l'Efpagne furmontee
Vint en Gaule efpoufer la Royne Galathee,
D'où vous eftes iffus: puis le Troyen François,
Seul heritier d'Hector, quittant fes murs
*   vaincus,*
D'Ilion vint en France, & la race Troyenne
Mefla cent ans apres, avec l'Herculienne.

Ciceron au troifiéme de la Nature des
Dieux apres Varron nous fait vn de-
nombremēt de quelques vaillans cham-
pions, qui tous fous ce mefme nom ont
mis a chef de grandes proefles & vail-
lantes entreprifes. Et entre autres il
nomme l'Indien, L'Egyptien & le The-
bain fils de Iuppin & d'Alcmene au dernier defquels on a attribué tous les faits
d'armes des autres que l'on a multipliez
iufques a trente-fix travaux, encor que
reduits aux douze chefs d'œuvre tant
renommez foien vrays foient fabuleux.
Car Macrobe u premier des Saturnales veut que par Hercule s'entende le fo-
leil, & par fes douze labeurs les douze

devises ou signes marquez en l'echarpe
du monde, que l'on dit le Zodiac. Mais
si nous venon à considerer quel a eté notre Hercule Gaulois, nous trouverron,
que non seulement il s'est parangonné à
tous les autres, en proësses heroïques,
mais aussi qu'il les a surpassez en sagesse
& eloquence : & ne nous faut produyre
à temoin que Lucian l'vn des plus sub-
tils & mieux disans de toute l'ancienne
Grece. Il recite donc qu'il vit par ren-
contre vne remembrance fort étrange
de cet Hercule Gaulois vieil, ridé, chau-
ve, basané, de façon decrepite, & toute
telle que d'vn forçat qui auroit mené
metier cinquente ans, sur les bancs de
quelques galeres ou comme quelque
Iapet ou Charon nautonnier des enfers,
& bien que hydeux si ne laisse-il de se
braver de tout l'equipage de Hercule a-
fublé de la dépouille d'vn Lion, le car-
quoys sur l'epaule, l'arc en la main gau-
che, & la masse noüeuse en la droite
Quis facta Hercule non audit fortia clauæ:
ce dit Properce.

Mais ce qui est de plus admirable en
cette peinture dont Alciat a fait vn em-

bleme c'eſt que de la bouche de ce
champion d'vne grandeur demeſuree
& preſque Geantine ſortent des chay-
nettes c'or en grand nombre au bout
deſquelles y a vne grande foule d'hommes de tous eſtats acrochez par les o-
reilles, qui ſuyuent de bon gré celuy qui
les attire, comme d'vn doux ſouxris, &
s'eſt rencontré vn vieil Gaulois de ces
ſages qu'on appeloit Druydes ou Bar-
des, qui en a donné l'expoſition, à ſçavoir
qu'au lieu de Mercure auquel les Gregeois attribuoient le don d'eloquence,
la Gaule n'en reconoit autre que ce ſien
Hercule, comme plus nerveux & robu-
buſte. Auquel ils donnent la face, la barbe, & la perruque d'vn vieillard parce
que la faconde n'eſt point en ſa parfaicte
vigueur, ſinon ſur le declin de l'aage auquel la barbe commence à eſtre fleürie,
comme Homere nous le temoigne de
la grave-douce eloquence de Neſtor ce
Roy chenu qui a vécu troys aages des
hommes communs. Qui ne ſçayt au reſte que ces chaynes par leſquels ces o-
reilles ſont acrochees & tirees, ce ſont
les ſaiges propos qui penetrent iuſques

au fond de la poytrine & s'écoulent sou-
vent plus doucement par les oreilles,
que les beautez , par les yeux qui sont &
les vns & les autres les feneſtres de l'a-
me. Teſmoin celuy qui n'ayant peu étre
ravi par les yeux de ſa maiſtreſſe , bien
que tres-belle, le fut par ces mignars diſ-
cours, & vn autre qui le fut pour luy a-
voit ouy marier ſa voix à la corde d'vn
luth.

Amour qui ſouloit étre archer
Et viſer droit à la prunelle,
Sous vn luth s'eſt venu cacher
Pour navrer les cœurs par l'oreille.

Puiſque donc c'eſt vne reigle notoyre
qu'en matiere de deviſes ne peut entrer
vn viſaige humayn ſuffira pour la notre
que cette maſſe Herculiene peinte en
la ſorte d'vne face en chef d'armoyrie
nous repreſentant la force & vaillance,
ſerve à porter l'anneau auquel ſeront
attachez ces petis chaynons d'or. Au
bout deſquels a chacun y aura vn cro-
chet ou s'acrocherōt deux oreilles, pour
ſignifiance & preſaige que la ſageſſe , &
bon conſeil rengent tous les peuples de
la France a vne entiere obeiſſance , telle

que nous la devon à notre souverain.
J'adjouteray que si vne masse dressee en
pal a quelque ressemblance à la grosse
branche d'vne fleur de lis, aussi ces chainettes ne s'elongnent pas des anciennes
armoyries de Navarre que porta Dom
Saucez Lelefort huitiéme Roy de ce
nom qui peignit son écu de chainettes,
lesquelles aucuns peintres grossiers ont
appellees batons Royaux ou écarbou-
cles.

Doux au miens, & prudent contre
qui ne nous ayme.

SI je me suis essayé de presenter quelque devise à nostre gentil Prince, l'a-
mour & les delices du monde, ce n'a pas
esté par esperance ou presomption qui
soit entree en moy, de pouuoir satis-fai-
re, ou à mon devoir, ou au desir qu'il
peut avoir d'en recouvrer vne qui luy
plaise : mais pour m'efforcer de m'aqui-

ter en partie de l'obligation que tous
François avon à son service, & quand
bien ce que i'en auray entrepris ne luy
viendra du tout à gré, ie demeureray a-
uec ce contentement en mon esprit, que
l'on congnoisse, qu'il n'a pas tenu à moy
qu'au moins en le seruant on ne luy en
aye donnees de diuers endroicts à choisir. Ceste-cy donc d'vn serpent ailé mordant sa queuë & d'vne colombe portant
du Ciel en son bec vne sainte Ampoulle
à vne signification relative, non seulement au bon augure de son aveinement
à la couronne, & de son sacre: mais aussi a
tout ce que nous pouuon esperer de
bon en tout le cours de son reigne que
nous prion à Dieu fayre heureux & de
longue suyte d'annees. Ce cercle qui re-
tourne en soy est figure de l'eternité, ce
dict Orus ainsi vouloient les anciens que
le fils de Demogogon se representast en
serpent mordant le bout de sa queuë,
pour l'entre-suyte, qu'à le premier iour
de Ianuier, au dernier de Decembre
precedent.

Bruma novi prima est, veterisque novissima
au 1. des Fastes.   (*solis.*

Et pource Ianus auoit deux visages.
Les vns l'ont pris pour Noé le Patriar-
che qui avoit veu le tems de la loy de
nature,& la suite du Deluge. Les autres
l'interpretent pour vn homme sage & a-
visé, qui se rememore du passé en tire
les coniectures de l'avenir , & se sçayt
bien garantir de tout ce qui luy peu nuyre , à l'exemple du serpēt qui de sa queuë
se bouche les oreilles, pour n'estre sur-
pris des accens charmeurs de la voyx en-
chanteresse. Et encor que tel animal soit
presque toujours venimeux en son chef,
en sa queuë, ou autre partie : si est-ce
qu'il y en a qui n'ont nulle mauvaise qua-
lité,tesmoing celluy que Tibere nouris-
soit de sa propre main & ceux qui ont
servy de bon augure aux Empereurs
(Seuere , Aurele & Maximin le Ieune:)
comme i'en ay veu en Italie & Allemai-
gne, mesmes en Samogitie où a l'odeur
de laict boüilly viennent des serpens fa-
miliers , qui se paissent en la terrine en la
presance de toute la famille bien ayse de
manger le demeurant apres que ceste
en cance sans mal faire s'est retiree en
leurs trous.

Et ores que ainſi fuſt que le ſerpent ne
peuſt étre ſans froideur venimeuſe , cela
doibt-il empecher que nous n'en em-
pruntion , ce qu'il y peut avoir de bonne
ſignification veu que le Sauveur du mô-
de en ſaint Mathieu X. a commandé d'é-
tre prudens comme ſerpens, & ſimples
comme colombes: duquel texte peu a-
voir eré extraite , ceſte deviſe donnant à
entendre que le Prince par longue pre-
voiance ſe doit donner garde non ſeulle-
ment des dangers qui le peuuent envi-
ronner és Provinces & terres adiacentes
mais auſſi des remuements & aguets, qui
ſe pouroient couver és entrailles de ſon
Royaume, & à cela y a grand beſoin de
ſoin & vigilance, & ſubtilité qu'Horace
attribue aux Dragon Epidauriez : vigilance ſi neceſſaire a vn Prince, qu'Homere a donné pour precepte à l'homme
d'eſtat qu'il ſe doibt bien donner de garde de paſſer la nuict entiere à dormir.
Qui eſtoit peut eſtre la raiſon qui mou-
uoit Epaminondas ce grand Capitaine
à porter le ſerpent en ſes enſeignes, encor qu'aucuns ayent penſé qui prenoit
ceſ deviſe pour ſe vanter d'eſtre de la
race

race de ceux qui furent femez en dens
du ferpent, occis par Cadme qui deuoit
puis apres le mefme devenir ferpent fans
aucun mal faire. Et nous auon dans faint
Auguftin 3. de la Cité que S A L V S P V-
B L I C A fe peignoit en ferpent la tefte
dreffee deuant vn autel. Si eft-il befoin
d'vfer quelque fois de rigueur contre
ceux qui fe voudroient oublier en leur
deuoir.

Quant à la Colombe elle ne donnera
pas à imiter fa douceur feulement & fa
fimpleffe car elle eft fans fiel : mais auffi
l'amour & la bien-veillance figuree par
cet oyfillon que pour cefte raifon les
Poëtes feignent eftre mis à tirer par l'air
le carroce de la douce Cyprine. Auffi
ny a-il point dit Seneque, aucune vertu
mieux fceante à vn grand Prince, ne qui
le face plus aymer que l'humanité, mo-
deration & clemence par laquelle feul
on inuite Dieu de plus pres , & par laquelle auffi les bons Roys comme dict
Xenofon s'aquierent l'honorable titre
de Peres de la patrie.

B

Bonne mere chaſſant tout cela qui peut nuyre.

L'ANTIQVITE payenne & ſuper-
ſtitieuſe ſe feignoit des Deïtez à ſa
fantaſie & tenoit pour Deeſſe les principales vertus & qualitez deſirables, comme Aſtree la prenant pour Iuſtice, la
Foy, la Paix, la Victoire, la Chaſteté, la
Concorde: & à toutes leur donnoir tem-
ples, autels & images ſous diuerſes figu-
res meſmes que la concorde ſe repre-

sentoit sous le nid couronné d'vne Cicogne : pour le grand devoir de pieté, que
les peres & meres de cette espece rendent à leurs petis, & en reçoivent reci-
proquement. Et afin d'auiser les Princes
de maintenir la concorde en leur Estat,
on leur attache vne cicogne au haut de
leurs sceptres, & auec le cheval marin
au bas, afin dit Suydas de les auiser de
suivre la debonayreté, fuyr la cruauté.
Ce seroit vne belle remarque quand il
n'y auroit que cela, mais on y en adjou-
ste encor vne autre que l'on prend cet
oyseau pour signal de pieté vers sa propre race, comme la Cicogne est la plus
affectionnee à elever les petis de son ayse, les alimenter, les porter sur les ayles
iusques à ce qu'ils ayent bien apris le vol
& aussi les petis sçavent bien le rendre
nourrissant leur pere & mere parvenus
en vieillesse & leur rendant tous les bons
offices qu'ils peuvent par vne religieuse
vicissitude comme le temoigne Solin.
chap. 43. Pline & Aristote en l'histoire
des animaux. Le grand Chancelier Cas-
siodore en fait vn tres-elegant discours
en la quatriéme epistre de son second.

où il faut renvoyer ceux qui comme les
Geans veulent guerroyer contre la Nature.

Dieu qui s'est donné le nom de notre
pere nous à asseurez de ne nous oublier
iamais, non plus que la mere ses propres
entrailles, aussi nous a-il commandé expres d'honorer pere & mere, & est le
seul commandement, qui emporte re-
tribution temporelle.

Donc ques apres la devise precedente
touchant l'insigne vertu & foy coniuga-
le de nostre excellente Artemisie. Cet-
te-cy ne viendra pas mal, pour exprimer
deux des bien-faits dont la France luy
est grandement redevable : en ce qu'à
son evenement elle à reclos le temple de
Ianus en vne bonne & seure paix, conser-
vee par sa prudente regence : & qu'elle
à pris autant de peine, que nulle autre en
l'education de nos Princes & Princesses,
& en leurs honorables & avantageuses
alliances. De sorte que pour tous les
biens & felicitez que nous en avons receu & recevon, il est hors de notre puis-
sance de l'en pouvoir assez loüer & re-
mercier : & faudra pour en perenniser la

memoire qu'on luy grave des medales,
telles que du tems de l'Empereur A-
drian d'vne Cicogne auec ce mot PIE-
TAS AVGVSTÆ. Contemplon cette
pieuse mere, comme elle couue & cou-
vre soigneusement sous ses ayles ses
trois petis, le plus grand desquels se co-
gnoit par la couronne plus haute & mieux couuerte, que les deux autres, comme par ses prudens conseils elle a de-
tourné & esquiué tout ce qui leur eust
peu nuire. C'est encor l'vne des proprie-
tez de notre Cicogne, qu'elle empeche
que rien de venimeux & nuisible ne
croisse, pullule ou multiplie en la con-
tree où elle fait son ayze.

Que si la dessus on la veut mepriser &
desestimer de ce qu'elle se pait de ser-
penteaux : ie leur repon que ce seroit
l'accuser d'vn bien-fait pour lequel les
Egyptiens ont adoré ce blanc oyseau
sous le nom d'Ibis, en reconnoissance
que leur païs en est netoyé & guaranti
de cette ordure. Notre Gaule Dieu
mercy, est seule exemte de venins & de
monstres, ce dit Sainct Hierosme apres
Pline, & quand il y en auroit si n'en se-

rion nous pas moins de cas, que de nos
chapons & gellines, qui pour se faire
viande ordinaire de lezars, coleuvres &
crapaux, ny mesmes pour devorer les
entrailles d'vn de leur espece & de leur
couvee, ne laissent pas pourtant d'honorer nos tables friandes. Suffit en cette
matiere de mettre en parade les loua-
bles qualitez de ce qu'on veut prendre
pour devise, & en tout cet oyseau est
recomandable pour l'excellente bonté
de son estomac, qui peut tourner en bon
suc & aliment, ce qui à d'autres seroit de
mauvaise digestion. Les fascheux & dif-
ficiles affaires tant dedans que dehors,
les remuëmens des espris hagars & def-
fians, les ialousies & simultez entre pa-
reils, & autres tels poysons d'Estat : tout
cela se dissipe par la prudente & sage
conduitte d'vne soigneuse mere, qui
etouffant les petis maux dés leur naissance, va de bonne heure au devant des
grans avant qu'ils aviennent, Que si par
les secrettes notes d'Orus Egyptien, les
serpens signifient les Roys & Empereurs. Doit on pas interpreter & esperer
que par ces serpens que devore notre

Cicogne, ce sont autant de potentats &
de fins ou robustes ennemis qui en se-
ront deconfis, s'ils ne recherchent & tiẽ-
nent notre paix & alliance.

Qui m'a vnie à soy, emporte mes amours.

QVE la terre plusto: s'ouvre m'englou-
 tissant,
Que plustot Iuppiter le pere tout-puissant.
M'envoye d'vn eclat, de fondre iusqu'aux Ombres,

B iiij

Ombres pleines d'effroy, de nuits tristes & som-
bres,
Pudeur honeste, avant que i'enfreigne tes loix
Celuy à qui premier ie fus iointe vne fois
A emporté mon cœur, & ma derniere flame.
Mes Amours & ses os gisent sous méme lame.

Ceste ferme resolution de la Didon
Virgilienne : est vne devise bien sceante
à vne veufve & sage Royne. Car bien
que le Poëte ou pour imiter les Amours
de Iason & Medée dans le quatriéme
d'Apollonius, ou en faveur de ses Romains aye voulu garder vne dent de lait
à son ennemie la nation Carthageoise, &
se soit efforcé par vne feinte poëtique
donner vne atteinte à la bonne renommee de cette invincible chasteté : Si est-
ce que les mensonges n'ont point de duree, & ses Historiens tesmoignent que
les vaisseaux d'Enee ne mouillerent iamais l'ancre aux havres de Lybie (y aiant
eu distance d'vn siecle entier entre l'vn
& l'autre) ains apres qu'elle fuyant la tra-
hison de l'avare Pygmalion eut acheté
autant de terre, qu'elle en eust peu en-
vironner de la peau d'vn Taureau, taillee
en menues corroyes, elle y ietta les fon-

demens non d'vne cité, ains d'vne florif-
fante Province & Eftat, qui à long tems
etrivé de la grandeur contre Rome, &
ne s'eft rendu qu'à bonnes enfeignes. Elle fut fi cler-voyante en fes entreprifes, fi
accorte en fes deportemens, fi moderee
en fes loix & Edits, fi heureufe en toutes
fes actions, que les Roys fes vóifins y eu-
rent plus d'envie que de pitié, mefmes il
y eut des plus puiffans qui la recherche-
rent de mariage qu'elle prevint par fa
conftance, auec vne fin glorieufe, dont
les vieux autheurs luy rendent loyal tef-
moignage. Il ny à fi petit qui ne fçache
que la paume de la main eft le fymbole
de la foy : les mains fe ioignent, quand
deux fe donnent la foy l'vn à l'autre, mefmes en l'alliance du mariage : l'œil auffi
eft notoirement la guide de l'amour.
Mais la mort venant à feparer ce que la
foy & l'amour avoient affemblé la main
qui s'eleve vers les Cieux figurez icy par
ces etoilles tout autour, elle emporte les
feules amours de celle qui demeure à
bas, attendant vn iour fa parfaite & indif-
foluble reunion.

Tu revomiras donc tout ce qu'as devoré.

L'ILLVSTRE famille des Vicomtes a porté pour eux, & tranſmis au Duché de Milan ces memorables armoiries d'or à vn ſerpent d'azur en pluſieurs replis vomiſſant par la gueule la teſte, les bras & tout le corps iuſques au nombril, d'vn enfant d'environ vn an, blaſoné de gueules. L'origine en eſt diſputee entre les Hiſtoriens: car ce grand Petrarque

qui de son tems a reveillé les bonnes lettres de tant de siecles assoupies à ecrit au
quatriéme des choses memorables
qu'Azo ou Actius Visconte, qui depuis a
envahi la Principauté de la capitale de
Lombardie, conduisant ses troupes de
guerre par l'Apennin sentit vne vipere
qui luy coula tout du long de son habillement de teste, luy passa par la visiere le
long des jouës sans qu'il s'en apperçeut
d'aucune incommodité. Gabriel Simeo-
ni dans l'abregé qu'il a fait en sa langue I-
talienne des Ducs de Milan en raporte
autant, & que delà ils en ont voulu per-
petuer leur memoire. Mais Paul-Iove
Evesque de Nocerre qui à amplement
descrit la vie & gestes des douze Princes
qui ont tenu ceste partie de la Gaule Ci-
salpine cent soixante dix ans en la prefa-
ce de ce bel œuvre prend de plus haut la
source de ces armes du tems de la deli-
vrance de Hierusalem, qui fut environ
l'an mil cent : d'vn Othon petit fils de
Galbanes, lequel Othon mena vingt mille Lombards volontaires à la guerre sa-
cree, & au secours de Guillaume Mar-
quis de Monferrat surnommé Longue-

epee durant le siege de la saincte Cité,
auquel Godefroy de Buillon comman-
doit, vn des chefs de l'ost Sarrazin nommé Volux Gean d'vne grandeur deme-
suree, & armé à l'advantage osa defier le
plus grave de l'ordre des Chrestiens au
singulier combat. Contre lequel se pre-
senta notre vaillant Lombard, le defit
heureusement cors à cors & en raporta
le heaume, au hault duquel estoit de re-
lief vne menasseuse & hideuse vipere à
gueule-bee ayant englouti la moitié d'vn
enfant, dont il ne paroissoit plus que l'e-
stomach & les bras ouverts. Armoiries
depuis tenues par ceux de sa race de la
mesme sorte que la portoit ce Volux,
qui se disoit issu d'Alexandre le Grand:
auquel sa mere Olympias avoit fait croi-
re qu'il estoit engendré de Iuppiter, me-
tamorfosé en Dragon pour iouïr d'elle.

Donc de ces vieilles armoiries Mila-
noises qui ecartelent l'Ecu d'Orleans, a
esté tiree ceste devise d'vn serpent en
tronçon pour honorer vn Prince François, auquel cette belle Duché devroit
apartenir, car qui est celuy tant peu ver-
sé en l'histoire qui ne sçait non les preten-

tions seulement : mais le droit que la
maison d'Orleans à sur toute la plus graf-
se & riche Lombardie. Le contract de
mariage d'entre Valentin de Milan fille
du Duc Ichan Galeas avec Louys de
France Duc d'Orleans ayeul de Louys
XII. porte clause expresse, par laquelle
en defaut de ses deux enfans de sexe
masculin, sadicte fille & les descendans
d'elle sont apellez & substituez à cette
succession Ducale. Mais parce que lors
le sceptre imperial estoit vaquant,& que
les electeurs ne se pouvoient si tost mettre d'accord en l'election d'vn Cesar, on
fut contraint auoir recours au Saint Pere, qui hemologua ce contract, comme
le truchement du droit divin & humain
qui seul peut étre vicaire de l'Empereur
pretendant que sa creation n'est point
ferme & stable ny parfaitte, quant aux
Romains jusques à ce qu'il aye esté oint
& sacré, & que l'or du troisiesme & dernier Diademe aye esté planté sur son
chef à Rome, de la main du successeur
de sainct Pierre.

Estant donc defaillie ceste ligne mas-
culine par le deces de Iean Marie & de

Philippes. Dont le premier fut maſſacré
des ſiens traitreuſement, & le dernier
mourut d'vne fievre, ſans que l'vn ny
l'autre ayent laiſſé aucuns enfans pro-
creés de leur chair en mariage : les enfans de Valentine ont eu iuſte cauſe de
quereller ce bel heritage que nos François ont tant de fois conquis & reperdu,
par des malheurs eſtranges. Louys Sfor-
ce qui l'avoit vſurpé du chef de Blanche
ſa femme, fille batarde dudit Filippes, le
perdit & faict captif finit ſes jours en la
Cage de la tour de Loches. Il avoit a-
chetté à ſoy & aux ſiens ce territoire Du-
cal de Maximilian I. Empereur, pour le
prix de quatre cens mille eſcus, & ce
meſme Auguſte recognoiſſant ſa force
ſept ans apres, la reparant en inveſtit le
bon Roy Louys par l'entremiſe de Meſſire Georges Cardinal d'Amboyſe Le-
gat en France grand confident & loyal
ſerviteur de ſon Prince. Charles V. Empereur l'ambition duquel à ſurpaſſé ſes
plus heroïques vertus, en à frauduleuſe-
ment privé les François non du droit :
Ains de la poſſeſſion dont il s'eſt emparé
par droit de bien-ſeance ſe couvrant

ce ame d'vn sac mouillé, de cette tyran-
nique sentence de Eteocle dans Euripi-
de, que s'il faut se detraquer du chemin
de Iustice, ce doit estre seulement pour
regner, & qu'en toutes autres choses il
faut estre conscientieux.

C'est pourquoy il apartiendra bien vn
iour à vn fils de grand Roy, à vn Duc genereux de venger les tors de la France,
& retirer les droits successifs de la maison d'Orleans sur la Lombardie, & de
celle d'Anjou sur les deux Siciles : & de
faire rendre gorge à ce Milan qui rejet-
tant tripailles dont il s'estoit gorgé, crie
qu'on luy fait vomir ses propres entrailles, encor qu'il n'y voyse rien du sien
comme il est porté dans Alciat.

Milvus edax nimiæ quem Nausea torserat es-
cæ,

Hei mihi! mater ait, viscera ab ore fluunt.
Cui mater quid fles! cur hæc tua viscera credas,
Qui rapto vivens sola aliena vomis?

Le Milan és hycroglyphiques & dans
le Fædo de Platon, c'est vn enrichi par
rapines, & les boyaux sont les richesses
plus cheries que le sang & l'ame, qui s'ac-
quierent auec grand travaux se conser-

vent avec peur & chagrin , & se perdent
avec extreme regret & si elles ne se perdent si tost : si l'on ne tend point de filets
à ces oyseaux mal faisant , elles ne peuvent échaper jusques au tiers heritier.

Didon souhaite que de la moüelle de
ses os comme des cendres du Fenix il
puisse sortir vn vengeur. Nostre divin
Ronsard en a fait ce pronostic.

Ieune Herculin, qui dés le ventre saint,
Fus destiné pour le comman service,
Et qui naissant rompis la teste au vice,
De ton beau nom dedans les astres peint:
  Quãd l'age d'homme aura ton cœur atteint
S'il reste encor quelque trac de malice,
Le monde adonc ploié sous ta police
Le pourra voir totalement éteint.

  En cependant crois enfant, & prospere,
Et sage, apren les hauts faits de ton pere,
Et ses vertus, & les honneurs des Rois.
  Puis autre Hector tu courras à la guerre,
Autre Iason tu t'en iras conquerre:
Non la toison, mais les chams Navarrois.

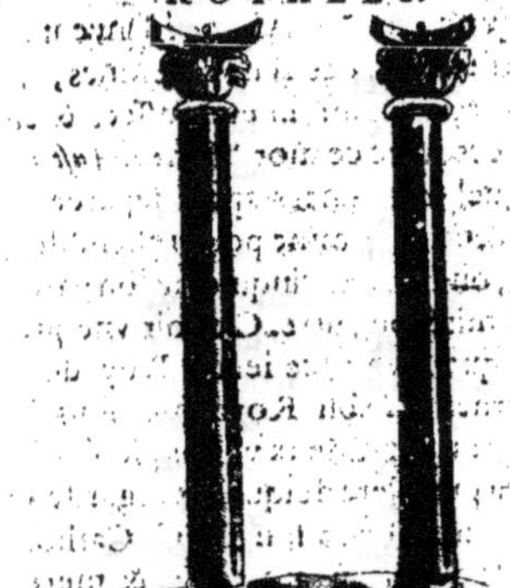

Par pieté & Iustice.

L'EVESQVE d'Auxerre Meſſire Ia-
ques Amiot, qui apres auoir fait ad-
mirer en ſa ieuneſſe ſon ſçavoir & fidelité au Concile de Trente, parvint à eſtre
inſtructeur de l'enfance de ces deux
grands Roys Charles neufiéme & Henry troiſiéme, deſquels il à eſté egallement priſé & honoré, & par l'vn faict
grand Aumonnier de France, par l'autre
C

Euefqu: d'Auxerre. C'à efté l'inuenteur
de cette deuife des deux colomnes, qui
premierement furent embraffees & en-
tortillees, avec ce mot *Pietate & Iuftitia*:
puis quelques annees apres feparees &
faites droites, comme pour reffembler à
celles, où Charles cinquiéme fon parein
avoit limité fon outre. C'eftoit vne pro-
meffe que fayfoit ce ieune Roy de fe
gouverner en fon Royaume fous les
preceptes de ces deux vertus pieté & iuftice, la premiere defquelles regarde ce
qui eft deu à Dieu à fon Eglife Catholi-
que, à la devotion, aux peres & meres,
& à la patrie. Et de vray il n'y à rien qui
mieux conferve le fceptre, que la fynce-
re religion. Et l'autre vertu encor qu'elle regarde cette faculté & fageffe politi-
que, par laquelle les Roys regnent, fi
comprend elle pourtant toutes les vertus, fuyvant ce vers Grec cité par Ari-
ftote en fes Etiques.

Iuftice en foy comprēd toutes les vertus belles.

Par ainfi fous ces deux mots, voyres
fous l'vn d'iceux fe void tout ce qu'vn
bon & fage Prince peut pratiquer pour
la confervation & exaltation de fa cou-

ronne. Voyre tout ce que le ieune Salomon demanda à Dieu pour s'acquiter deuëment de sa charge Royale.

Ce genereux Prince Charles zelateur de la religion de ses Ancestres, amateur de la Iustice, duit aux armes & à tous autres honnestes exercices eut faict paroitre de merveilleux effets de ses Royales vertus, s'il n'eut esté mal mené par cinq ou six guerres civiles : qui luy donnerent coup sur coup tant d'affayres, qu'à peine voulant respirer, il expira, au grand regret des siens, sur le vingt quatriéme de son aage : & avoit pris le sceptre sur l'vnziéme où l'on remarqua, que pendant la ceremonie de son sacre à Rheins qui estoit longue, il prit tel ennuy qu'il voulut la laisser imparfaite & s'en aller en pleurant, s'il n'eut esté retenu par la Royne sa mere, d'où on fit vne conjecture & presage que son regne plein de dueil & de pleurs seroit de peu de duree : là où au contrayre nous prenon vn heureux augure de notre gétil Roy Louys XIII. & que son regne sera long & plein de felicité, eu egard qu'en cinq ou six heures qu'à duré son sacre, il y à apporté tant de

resolution gaillardise & constance, qu'à
la fin il estoit aussi frais qu'au commencement, & dit gentiment qu'il estoit
prest d'en fayre encor autant pour autant.

L'Epitafe de ce Roy Charles neufiéme fut fait deslors de son decez en vers
rapportez d'vne façon laborieuse, mon-
tans & descendans de tout sens, comme
la lecture les vous fera voir presque ini-
mitable.

SONNET.

I'ay gardé,	I'ay porté,	I'ay semé,	I'ay sçeu fayre,
A mon Dieu,	A ma mere,	Au monde,	A mes sugets,
Sa foy,	Obeissance,	Et mon los,	Et la Paix,
Tres-chrestien,	Humble fils,	Roy iuste,	Et debonnayre.
Le Ciel,	mõ Artemise,	Et ma Frãce,	Et mon frere,
En gloire,	En de confort,	En dueil,	Et en regrets,
Reçoit,	Boit dans ses pleurs,	Noircit,	Ionche d'œillets,
Mon esprit,	Et ma cendre,	Et mon los,	Et ma biere.
O Dieu,	O Mere,	O Monde,	O peuple diuisé
I'ay soustenu,	I'ay creu,	I'ay fuy,	I'ay appaisé,
Ton party,	Ton conseil,	Tes attraits,	Ton orage,
O Ciel,	O mon espouse,	O France,	O frere cher,
Donne moy,	Garde bien,	Cesse,	Fay verdoyer,
Repos,	Mon cœur,	Ta plainte,	En paix mon (heritage.

Par le Seigneur d'Hemery d'Amboise.

La flamme etainte encor l'honneste
ardeur y dure.

AV livre premier de l'œuvre, où
Dioscoride a recueilly la nature &
facultez des simples, tout au commencement il est parlé d'vne espece de lis a-
zuré, qui s'appelle Iris de Florence, de
souëve odeur; & aussi l'arc celeste nommé Iris pour la ressemblance de la varie-
té de ses couleurs: devise prise par Ma-

C iij

dame Catherine de Medicis des-lors
qu'elle etoit encor ieune Damoyselle au
Palais de son Pere continuee au tems
mesme qu'elle fut mariee au Duc d'Orleans depuis Dofin, & Henry II. Roy de
France, avec lequel elle fut dix ans steri-
le & quasi hors d'esperance d'avoir li-
gnee en danger d'estre renvoyee & di-
vorsee, si le bon amour que son beau pere, son mary & tous les Estats du Royaume luy portoient ne les eussent fait re-
soudre de retenir en France vn gaige si
precieux quand bien il en eust deu avenir vne Eclipse en la race Royale. Mais
Dieu la regarda, & nous aussi en pitié, &
la rendit si feconde, que parmy vn bon
nombre de ses enfans, trois fils successi-
vement ont tenu le sceptre François. Le
quatriéme reconneu Prince des Pays-
bas: des filles l'vne à esté Royne dés Espagnes, l'autre Duchesse de Lorrayne,
& Dieu nous à encor conservé long tems
cette Royne la Marguerite des Mar-
guerites la perle de toutes, les perfections d'esprit, singularitez & vertus qui
se peuvent contempler és plus illustres
Princesses.

Or cette deviſe de l'arc en Ciel eſt re-
preſentee cy deſſous, mais ces larmes ar-
gentees que vous voyez decouler ſur vn
braſier de cendres non eteintes c'eſt la
derniere deviſe qu'elle prit dés-lors que
par ces ioutes fatales à la France, le Ciel
luy euſt ravy ſon ſeigneur & eſpoux,
qu'elle à tant aymé & honoré en ſon vivant, & regreté apres ſon deces. Que
Ronſard en à pris le ſugget de la paran-
gonner à cette ancienne Artemiſie qu'elle a ſurpaſſee en chaſteté, en prudence,
en pieté, en bonnes vertus, & ſur tout en
magnificence : Comme le temoignent
tant de ſuperbes batimens de ſa façon &
ſur tout les Tuilleries & le Royal ſom-
ptueux Mauſolé, qu'elle a dreſſé a ſainct
Denis qui devance tout ce qu'on fit iamais pour les autres Roys.

Les larmes tombees ſur les vives cendres de ſon Roy n'ont elles pas eſté des
arrhes aſſeurees de l'amour & fidelité
qu'elle à porté à la memoyre de ſon ſeigneur & mary ? comme ſi elle l'eut veu
touſiours vivant devant ſes yeux. Que
feut devenuë noſtre pauvre France, lors
que les orages & violentes tempeſtes

des guerres ciuiles menaſoient d'abimer
le navire François, ſi de bonne heure el,
le n'eut mis la main au gouvernal, fay-
ſant connoiſtre que la regence de ce ſe-
xe actif & vigilant pour le bien de ſes enfans ne manque ny de prevoyance, ny
d'heureux ſuccez.

Ie ne diray rien ny de ſon extraction
paternelle du coſté des Medicis, que
chacun ſçait avoir eſté vne feconde pepiniere de Papes amateurs de lettres &
de Princes & Princeſſes dignes d'im-
mortalité. Mais quant à la maternelle
qu'y ſçauroit-on imaginer de plus hault
que le ſang de France, puis qu'elle eſtoit
petite fille de Iean de Bourbon Comte
de Vendoſme, à cauſe de ſa fille Ieanne
veufve en premieres nopces du Duc de
Bourbon, & femme en ſecondes du
Comte de Boulogne deſcendu d'Al-
fonſe Prince de Portugal, & de Matilde
Comteſſe de Bolongne.

Le Roy Charles huictiéme avoit pro-
mis mariage à cette Ieanne de Bourbon
la plus belle de ſon tems, & ſe devoit ſo-
lemniſer en face d'Egliſe la matinee
prochaine à Moulins, Mais Anne de

France sa sœur & gouvernante qui le
vouloit marier en Bretagne en détour-
na l'execution renvoyant cette belle
Duchesse doüayriere de Moulins à Paris, où elle luy feit choisir le Comte de
Bolongne. Duquel mariage est venuë
Madame Magdelayne de la tour de Bo-
logne mere de notre Catherine. Et par
ainsi à cette couronne de France, où l'a-
yeule avoit failly : Dieu à fait la grace à
la fille de sa fille d'y parvenir.

Au Ciel m'atend la derniere.

SOIT ainſi que le Roy Charles aye
eſſenti quelques embraſemens en la
vivacité de ſon adoleſcence, ou par chaleur de ſang, ou par le mauvais exemple
d'vn gouverneur qui indiſcretement devant luy ſe .aiſſoit aller à la colere, ou au
blasféme : ſi eſt-ce que és deux dernie-
res annees de la vie de ce genereux
Prince, à qui la parque ne permit de voir

le quart d'vn fiecle , il fe monftra fort
raflis & fage , & commença à recon-
noiftre & amender fes deffaux & faire plus de cas qu'il n'avoit iamais faict
de la pieté & iuftice : Et entre autres
propos memorables qu'il tint à ceux
qui le vifitoient au lit mortel , il difoit
rendre graces à Dieu de ce qu'il ne luy
avoit donné qu'vne fille , car il voyoit
bien que fon Royaume eftoit s'y fort
embrouillé de factions & guerres civiles qu'il ne luy falloit point vn petit
fils pour regner, ains vn Prince jà meur
d'aage & d'experience, tel que fon frere
le Roy Henry de Polongne, auquel il
laiffoit le Royaume hereditayre, com-
mandant à tous fes fuggets de luy porter
entiere obeiffance. En quoy il rendit te-
moignage de fa Royale affection vers la
patrie, & des merites qu'il connoiffoit
en ce fucceffeur vray Alexandre, plus
capable que tous ceux qui affiftoient au
deces du grand Alexandre de Mace-
doyne, lors qu'il leur declara ne leur
laiffer autre Roy, que celuy qui fe trou-
verroit le plus digne. Parole Royale imi-
tee de Iulian Augufte, auquel la vaillan-

ce, & la doctrine euſſent egallement engendré des fruits d'vne immortelle memoyre, ſi l'apoſtaſie ne l'euſt rendu o-
dieux.

S'il y avoit eu quelque petite choſe à
redire en la boüillante ieuneſſe de ce
Roy Charles, rien de telne s'eſt trouvé
en cet Henry troiſiéme, qui eſtoit d'vne
humeur plus temperee & ſage: auſſi a-
voit il eſté inſtruit par vn gouverneur
plus poſé. Voyez que ſert la bonne nou-
riture en vne bonne nature: iamais on ne
le vit en colere, iamais laſcher vn propos malſeant ny de menace: Et diſoit-on
de luy, *Re.: apum aculeo caret.* Il n'avoit à
peine ſeize ans qu'il fut comme dit Paul-
Iove, de Gaſton de Foix, *Prius Dux,
quàm miles* il fut fait Lieutenant general
de ſon frere, il remporta l'honneur des
batailles de Iarnac, & Montcontour. A-
pres la victoire il ſe montra auſſi clement
que vaillant, ſa renommee vola iuſques
aux oreilles de ces magnificques Pol-
lonnoys, qui par communs ſuffrages l'e-
leurent à Vvarſau pour leur Roy, par
deſſus de grands competiteurs. A ſon retour il eteignit la plus-part de ces grands

feux qui s'eftoyent allumez en diuerfes
contrees de fon Royaume du vivant de
fon feu frere, & iouit d'vne affez bonne
paix. Mais helas! comme nul trop grand
bon heur n'eft de longue duree, il vit fes
principales Citez & Provinces foufle-
vees de fon obeiffance, & par l'effort
d'vn glayve traitreux & parricide, fe
vit ouvrir le Ciel qu'il avoit long tems
auparavant merité, & où il receut la
troifiéme couronne, que fainct Paul appelle de Iuftice, que Dieu rend à ceux
qui l'ont craint & fervy. Cette couronne eftoit la derniere des trois qu'il avoit
prifes avec ce mot : *Manet ultima cœlo.*
Car les deux eftoient celle de France, &
de Pologne: & fut ce me femble vn Gen-
til-homme Efcoffois nommé Gordon
qui la luy donna, & l'avoit empruntee
d'vne que portoit la Royne Marie Stuart
douayriere de France, la plus belle &
parfaite de fon fiecle qui eftoyent deux
couronnes feulement auec ce mot, *A-*
liamque moratur. Voulant dire que celle
d'Angleterre la regardoit, côme de faict
elle en eftoit la plus proche, & le Roy
fon fils admirable en vertus la poffede

payſible.ment. Et c'eſt ce que l'on ra-
mentut à cette Princeſſe lors qu'apres
vingt ans de priſon iniuſte , on luy fit
ſouffrir vne mort auſſi pieuſe & conſtan-
te que la cauſe en eſtoit honnorable,
pour n'avoir voulu changer la vraye Religion de ſes anceſtres , en laquelle elle à
repandu ſon ſang , deffendant expres
qu'il n'en fuſt iamais faiſte aucune re-
cherche, ny vengeance , enquoy elle à
comblé de benediction ſa poſterité. Son
beau-frere Henry III. cuydant detour-
ner cet orage avoit envoyé en Ambaſſa-
de vn vray preud'homme , le Seigneur
de Believre depuis Chancelier de France, mais l'effect en fut vain & delà en a-
vant les affaires de ce Prince à trois couronnes n'allerent qu'en decadence. Icy
pour ne rentrer en vn ſi grand l'aberin-
the ie finiray par ce ſonnet qui fut fait ſur
le commencement de ſon Regne.

Henry a chaſſé Mars troys foys par ſa vail-
*　　lance,*
Vn an la veu vaincœur, & glorieux trois fois,
Le Reitre ayme-butin, l'ayme-guerre Fran-
*　　çois,*
Et l'Anglois ont eſté trois lauriers de ſa lance.

Apres triplé victoyre & triple paix en Fran-
ce,
Il est allé regir le sceptre Polonnois,
Si tost qu'il est parti, Mars ligue de ces trois,
A taché d'y rentrer epiant son absence.
Ores est retourné le bien aymé des Cieux,
Henry tiers, deux foys Roy, troys foys victo-
rieux:
Qui guerrier, Prince humain, dovot, & plein
de gloyre.
Seul peut domter, fermer, redoyer, decocher,
De Mars, Ianus, Saturne, & du sçavant ar-
cher,
L'orgueil, le temple, l'aage, & le bel arc d'yvoi-
re.

Le Sieur d'Amboyse.

Regarde moy afin qu'on me regarde.

CE Cadran que vous voyez, pris
pour deuise par la debonayre L o i-
s e de Lorrayne, douayriere de France,
n'eſt ny dans vn anneau, ny ſur vn Cylin-
dre, ce n'eſt pas vn ſolayre vertical, qui
ſe doit dreſſer debout, à plomb dans le
cercle paſſant par deſſus la cime de notre chef, par le milieu & vray point du
leuant au ponant: mais il eſt de ceux qui
ſont

sont nommez Horizontaux, qui se cou-
chent au niveau en la sur-face du cercle
de nostre Horizon, que Ciceron appelle notre finissant, & se plantent sur vne
colomne ou muraille, pour servir à dis-
cerner & comter par l'ombre que la
banniere ou le gnomon en fait au Soleil,
les heures du iour, c'est à dire la douzié-
me partie du levant au couchant : qui est
le vray iour naturel. Car le civil conte-
noit nuit & iour, que les anciens Gaulois
commenceoient à la nuit depuis vn soir,
iusques à l'autre, suyvant ce que dit Cesar VI. Que les Gaulois se disent descen-
dus de Dispere, & pource ils comtent
les espaces des tems par les nuicts plustot
que par les iours : Telle ce dit Varron e-
stoit l'vsance des Atheniens, au contrai-
re des Babiloniens qui commencent
leur iournee au lever du Soleil, ce dict
Macrobe au 1. des Saturnales, laquelle
façon des Grecs est aujourd'huy suyvie
en Italie, en Polongne, & autres lieux
du Septentrion, où le Soleil se couchant
on comte vingt quatre heures, & de là
vne, deux, & trois de nuit : en sorte que
la minuit & le my-iour ne sont iamais à

D

vn point certain & immuable. Mais en
nos Gaules, aux Espagnes, en la Germa-
nie, est abolie cette vieille vsance, parce
que les points de midy & minuict y sont
fixes & immobiles en tout tems, chacun
faisant douze heures, & les deux vn iour
entier, laquelle façon est plus iuste, &
s'accommode mieux aux mouvemens
egaux des grosses ou petites orloges à
roüets, avec ressors ou contrepoix : &
quelques-fois avec timbres & sonneries,
dont l'vsage est moderne au prix de nos
vieux solaires mentionnez au quatriéme
livre des Roys, où il est dit : que le Roy
Ezechias malade impetra du Profete
pour signal de sa convalescence, que le
Soleil retrograderoit de dix lignes ou
degrez, ce qui se manifesta à l'ombre.

Mais on pourroit douter, veu que les
iours de Iuin sont deux fois ou environ
aussi grands, que ceux de Decembre, &
les nuits hivernales deux fois presqu'aussi grandes que les iours d'Esté. Comment il se peut entendre, ce qui est en
l'Evangile qu'il y a douze heures de iour
& douze heures de nuit. Ce qui se void
encor mieux en ce que le Sauveur du

monde fut revetu de pourpre à heure de
Prime, couronné d'espines à Tierce, fut
fiché & elevé en Croix à heure de Sexte
qui est midy, & rendit l'esprit à son Pere
sur les Nones où neuf heures du iour,
qui sont nos trois heures apres midy. Il y
à moins de quoy s'ebahir en cette histoire qui avint en la pleine Lune de l'Equi-
noxe du Printems. Pour ne trouver que
douze heures au solstice d'Esté & douze
heures en vne nuit du mesme solstice,
comment se pourroit il faire, sinon que
ces douze heures soient douze porcions
egalles, mais imaginaires: Croyssant &
decroyssant à mesure que nos iours s'a-
longent ou acourcissent, rendant du iour
à la nuit & de la nuit à la lumiere. Ce que
l'vn auroit emprunté de l'autre. Plus on
approche de la ligne equinoctiale, laquelle est au milieu du monde, entre
deux Poles qui sont les deux gonds de
l'essieu, autour duquel virent les Sfçres
celestes, plus les iours & les nuits s'entre-
balancent avec peu de disparité. Mais
quand on vient à Marseille, qui est à vn
peu plus de quarente trois degrez de la-
titude selon Ptolomee, les iours d'Esté

font moins grands qu'à Paris , qui est à
quarente huict degrez & demy , ou qu'à
Roüen qui est à quelque tiers plus de
cinquente vn , ou qu'en Escosse sur la
pointe vers le North , où se trouve des
nuits si courtes qu'on voit quasi le Soleil
coucher d'vn costé & le ver de l'autre,
n'y ayant que bien peu d'entre-chien &
loup. Qui voudroit donc donner à cha-
ques tels iours douze heures & aux nuits
autant , ce seroit vn inique partage. Sinon qu'il faille en venir là que l'vn y perd
& que l'autre y gaigne , sauf à le restituer
en sa sayson. A Rome où les grands iours
d'Esté n'ont qu'environ quinze ou seize
heures de Soleil , cette disproportion
n'est pas si visible qu'icy : & toutes-fois
cette maniere de comter iour & nuict
par douze heures en toutes saysons se
void dans Palladius & en l'Epigrame de
Marcial qui se commence , *Prima salu-*
tantes , atque altera continet hora: où il con-
clud qu'il ne souhaite point que ses vers
raillars soient presentez à l'Empereur, si
ce n'est vers la dixiéme heure du iour
qui est sur le declin. Et que les Gregeois
en ayent vsé de cette sorte , il en appert

aſſez en vn vieil diſtique, où il eſt dit que
les ſix premieres heures du iour ſont aſſez longues pour les travaux, & que celle qui vient apres, à ſçavoir la ſeptiéme
marqué par vn χ̃ dit à chacun χαῖρε, c'eſt
à dire vi & te donne au cœur ioye le reſte de la iournee, qui en voudra plus am-
ples preuves les trouvera dans Cælius de
Rovigo XII. de ſes antiq.

Suffit que noſtre ſalaire ne ſert à mon-
trer les heures du iour, ſinon quand le
Soleil donnant deſſus y rend ſes ombres,
enquoy ſe void l'intention de cette ſage
Rovne, comparant le Roy Henry ſon
Seigneur & eſpoux à cet aſtre qui eſt
l'œil du monde par ces mots *Aſpice, vt
aſpiciar.* Elle ſupplie ſon Roy de l'œilla-
der l'aymer, & de faire cas d'elle, afin
que toute la France, voire tout l'vnivers
l'honore & eſtime de l'amour de ſon Eſpoux. Elle eſperoit encor qu'il en reviſſi-
roit vn autre grand bien à la France, c'e-
ſtoit vn fils pour lequel elle dreſſoit ar-
demment & inſtamment ſes vœux à
Dieu, aux graces duquel elle a eu fort
bonne part, fors en la fecondité par elle
çant deſiree. Car au reſte faut confeſſer

que cette excellente fleur de Lorrayne
a esté doüe: d'autant de pieté & vertu
que Princesse de son siecle, & que ses felicitez ont esté detrempées de grandes
amertumes, que si pour n'estre que de
Vaudemont, & d'Egmont elle sembloit
hautement appariee, sa beauté, sa devotion, ses graces, & perfections la ren-
doient digne du plus haut pasti de Chre-
stienté, comme elle l'avoit rencontré,
estant la maison de Capet vne pepiniere
de plus de cinquante Rois, la plus ferti-
le, la plus ancienne, illustre, glorieuse
& privilegiee, qui fut ià nais sous le Ciel,
sauf à en excepter celle d'où est issu le fils
de David & d'Abraham.

SALVT.

LE Poëte Satyrique s'est tres-bien
moqué du manquement de discre-
tion en la pluspart des cerveles , à faute de ce la sotte antiquité avoit eleué iusques aux Cieux & honnoré du tiltre de
Deesse la fortune plustot que la vertu,
l'excuse plus volontiers ces Romains,
ces ames passionnees au bien de leur re-
publique qui ont voulu inventer vne Di-

vinité imaginayre, iufques à dedier Autels, Statu:s & iours feriaux. Mefme con-
facré vn Temple à la Deeffe Salut, pres
la porte de la ville, qui en fut furnom-
mee Salutaire : ce difent Tite Liue, &
Pline, dont les paroys furent azurees &
peintes par vn Fabius, qui de la en fut fur-
nommé le peintre.

Il ny a qu'vn feul Hiftorien Dion qui à
bien expliqué que c'eftoit que l'Augure
de Salut : Les Romains (ce dit-il livre
37. ayant efté l'efpace d'vn an fans aucune guerre, s'aviferent de renouveller v-
ne efpece de Divination, par laquelle on
effaye de connoiftre fi les Dieux per-
mettent qu'on leur faffe prieres, & fup-
plications pour le falut du peuple : comme fi c'eftoit chofe prohibee d'en faire
la demande, avant que d'en avoir le con-
gé. Cette folennité ne fe faifoit quà vn
certain iour de l'an : auquel iour on ne
trouvoit par les Faftes, qu'aucune armee
eut fait branler les Aigles pour partir, &
s'acheminer à la guerre, & ne s'eftoit
donnee efcarmouche ny bataille. Il fe
void encor des vieilles medailles de la
monnoye que fit batre Antiochus Soter

qui estoit d'vne Deesse SALVT, parce
en Reyne, sceant en vn Throne, tenant
vne couppe d'or: & au revers estoit dres-
sé vn Autel, devant lequel vn grand serpent en plusieurs retours elevoit sa teste,
tout de la mesme sorte, que l'antiquail-
le s'en void encor, en beau marbre prés
le temple sainct Ambroise à Milan. Am-
mian Marcellin historien difficile, mais
veritable, homme d'estat & de guerre,
& qui merite autant que nul autre, d'e-
stre leu & feuilleté par les Princes &
grands, à fort gravement prononcé que
les Rois & Magistrats sont tenus pour-
chasser la seureté, salut &tranquilité de
leurs Provinces, que commander & regner n'est autre chose, sinon estre en per-
petuelle sentinelle pour le salut public:
& que c'estoit le subjet pour lequel Au-
guste avoit pris pour devise vne Anchre
entortillee d'v.. Daufin: par ce que s'il
survient vn orage : ce poisson que l'on
tient estre amoureux de l'homme se
joint à l'ancre lors que les mariniers la
iettent en mer, pour la ficher plus avant.
     Que si ceux qui ne voyoient qu'au tra-
vers d'vn nuage d'vne vaine gloire par la-

quelle ils eſperoient immortaliſer leurs
noms ont eſté ſi prodigues de leur vie,
que de l'expoſer pour le ſalut de leur patrie : comme les Decies, vn Curce, &
infinis autres : Combien nous qui ſom-
mes eſclairez du flambeau de l'Evangile, devons nous rendre grace à ceſte
grand Royne qui à ſacrifié au Genie du
ſalut de la France, ſon bien, ſes deſirs,
ſon repos, ſon contentement & ſa propre felicité, (s'il y en a en ce monde)
pour nous procurer vne aſſeurce tran-
quilité, & vne paix de longue duree,
dont elle merite à iamais d'eſtre hono-
ree du tiltre de ſecondemere du Roy &
du Royaume, auec la couronne de cheſ-
ne pour tant de citoyens, ou pluſtoſt Ci-
tés ou Prouinces preſeruees.

  Cette Marguerite des Princeſſes avoit
porté en ſon printems vne palme haute
elevée ombrageant vn autel auec ce
mot PIOS ALTISSIMA SVRGIT IN VSVS.
Mais la premiere deviſe ſe rapporte à
celle-cy. Ses angles de ce parfaict Penta-
gone qu'on luy attribue ce ſont autant
de Domiciles, de Palais, de throſnes de
ſes Royales & Chreſtiennes vertus, la

principale defquelles ce dit S. Paul & qui
la rend plus voifine des Cieux, eft fon ar-
dente amour & chariré vers fa Patrie &
vers le peuple Chreftien, & fur tout vers
l'autheur de noftre redemptiõ aux cinq
playes duquel fe peuuent adapter ces
cinq angles: quatre pour ces cloux precieux , & le cinquieme pour cefte lance
mifterieufe, qui nous a ouvert les entrailles de mifericorde. C'eft par là que cefte
tres-augufte Heroïne efpere entrer au
fanctuayre du Roy des Rois , auquel la
France doit addreffer fes vœux pour fa
profperité, puifque les lauriers & les pal-
mes pour les victoires qu'elle à obtenues
fur foy-mefme les plus honnorables de
toutes luy font trop baffe recompenfe:
puis que fes merites furpaffent tous nos
remercimens, qu'au moins il plaife à
Dieu la faire iouir du repos qu'elle nous
à acquis, les loyers qui luy en font pre-
parez aux Cieux.

Il entretient & diſſipe.

CE que le Prince eſt deſſus ſes vaſ-
ſaux, le Soleil l'eſt parmi toutes é-
toiles fixes ou erratiques. Il eſt la ſource
viue & inepuiſable de chaleur, l'œil des
Cieux, l'ame du monde, le plus grand &
lumineux de tous les globes celeſtes; les
planettes qui luy font enceinte de tous
coſtés n'emprunte d'ailleurs que de luy
leur force, leur chaleur, & leurs influen-

ces, & aussi faut-il que tous bons subjets
ne viuent qu'en l'ame de leur Prince, rendent à leur Roy telle submission que les
planettes au Soleil, auquel comme à leur
Roy ils portent tant de respect que s'il
s'approche ils luy vont au deuant se ti-
rans vn peu à l'escart, sans empescher son
galop : quand il est passé ils s'aualent au
plus bas de leurs Epicycles & cercles,
vont l'acoster & le suiure, puis le font reculer arriere par reuerence. La substance de cet astre du jour, sa grandeur, sa
rondeur, ses carrieres, ses conjonctions &
oppositions, sa vitesse admirable, ses
mouuemens journaliers ou annuels ne
sont pas aisement conneus de tous ce dit
Plutarque au 1. des opinions des Filosofes. Aussi n'est-il pas besoin que les se-
crets de la Royauté soient diuulgués à
tout le monde, suffit que l'on en sçache
les effets & les biens-faits : & que chacun
tire lumiere de cette clairté, qui a son ap-
paroir fait fuir tous les moindres feux du
firmament, ou au moins de tout nostre
hemisfere : retenant six signes du Zodia-
que & laissant pareil nombre à l'autre à
nous caché.

Le premier mobile le rauit & emporte chaque jour du Leuant au Ponant, &
luy fait faire le tour entier des cieux à
l'enuiron de la terre d'vne vitesse in-
croyable en vingt & quatre heures le
mouvement qui luy est naturel & propre, le conduit en biaysant bon gré mal-
gré, le premier mouvant par les douze
lignes de l'echarpe celeste gaignant chaque jour certains degrés de son chemin
depuis le premier iusques au trois cens
soixante cinquieme & dernier, causant
par son approcher & reculer, la revolu-
tion des quatres saisons de l'annee, pro-
duisant en jours jnegaux tous biens ne-
cessaires à la vie des animaux. C'est ce
cours oblique qui rechauffe & resjouit
les climats & regions du monde dechas-
sant le froid & les brouillars, amis de la
sterilité à l'vn d'ou peut etre, qu'Arisso-
te a pris ce qu'il dict, *De l'homme & du so-*
leil, l'homme prend sa naissance.

Car les plus celebres Filosofes ont
estimé que de cette substance ignée de
ce beau grand œil du Ciel procedent
tous principes de generation quâd à son
Apogée il cuit & nourrit les fruicts de la

Ce grand Duc d'Anjou & d'Alençon
fils & frere de Roy qui changeant le nõ
d'Ercul de France a luy donnee à ſon
bateſme ſe fit à la confirmation nommer
FRANÇOIS, en memoire de ſon ayeul,
prit cette deviſe. d'vn ſoleil ſortant la
matinée comme des eaux marinieres
ecrivant au tour FOVET ET DISCVTIT,
pour donner aux Pais bas qui l'appelloiẽt
à la protection & ſouueraineté de leurs
Eſtats, où il fut veu eclairant comme vn
beau ſoleil en ſa diſtance ſolſticiale & ſur
le zenits de nos teſtes , diſſipant par ſes
rayons les nuages de ces neuf Prouinces
ſi vn malheur precipité ne l'eut trop toſt
haté a ſon declin.

Dieu leur donne accroissement.

PYthagore qui le premier au lieu du
tiltre honorable de sage n'a voulu se
nommer que Filosofe, c'est à dire amoureux de la sagesse, a enseigné à ses disci-
ples ausquels il enjoignoit le silence de
cinq ans que les principes des choses ne
sont autres que les nombres: croyant que
le monde en avoit eté bati, & ne se sou-
tenoit que par la faculté d'iceux, qui le
                              conservoit

conſervoit en eternelle durée. Sur tout
il attribuoit la plus eminente vertu au
quaternaire, par lequel il concevoit le
plus conſcientieux de ſes fermens du
quinaire, ou du ternaire il n'en faiſoit pas
ſi grand eſtat que tous les autres qui l'ont
devancé, & ſuivoit iuſques à la que Vi-
gile en a dit, *Numero Deus impare gaudet.*

Auſone en a recueilly pluſieurs loüan-
ges en vn livret Poëtique, qu'il en à com-
poſé expres & avec grande diligence. Ie
laiſſe a part ce qui eſt du faict de la Religion & de ſes ſacrez myſteres me contentant de dire que nos François ont vſé
de ce nombre en leurs armes qui premierement furent peintes de trois lis,
quoy qu'on les vueille blazoner de trois
couronnes ou grenouilles. Et puis ayant
ſemé leurs banieres& oriflames de fleurs
ſans nombre. Nos Rois ſoit Filipes dit de
Valois, ou autre plus ancien en ont faict
reduction à trois ſeulement, comme l'e-
ſtimant nombre parfait. Vous en voyez
donc icy trois iſſant d'vn meſme tige en
fleurs non d'armoiries, ains de iardins a-
vec vn mot qui regarde ce qui eſt dans
ſainct Mathieu. *Conſiderate lilia agri com-*

modo nescunt : que le Docteur d'Epense
en la oüange du Roy sainct Louys à ap-
proprié à la faveur speciale, que Dieu à
tousiours portee à ce Royaume François l'ayant beny de tant de gloire, ri-
chesse felicité & d'vne longue duree.
Nous estion n'a gueres bien-honorez de
ces trois excellens fleurons Royaux es-
clairez du Soleil de Iustice, si par la vio-
lence du destin ne nous eust esté trop
tost arraché l'vn de ces trois qui estoient
capables de partager en trois lots tout
ce continent inferieur.

Quin digna vt ferrēt virtutis premia, triplex
Condendus ternis fratribus orbis orat.

Le sçavant Viginere à pensé, que ce qui
se peint en l'escu de France, ce ne soit ny
fleurs, ny couronnes, ains que c'est vne
allusion de ce mot Gallus equivoque à
vn Gaulois, ou vn coq: & que de cet oyseau rosty, si on luy fend en deux le haut
du test, sa cervelle represente vne figure
de ces trois fleurs armoriaux. Tant y à
que les pennonceaux de cet or, & cet a-
zur ont esté tant admirez, venerez & de-
sirez, que combien qu'en la race de Capet on ne permit aux puisnez sinon d'en

prendre le metail & la couleur', comme
à ceux de Bourgogne l'or & l'azur en
bandes à ceux de Dreux en Echiquier : fi
eft-ce que plufieurs grands non Princes
ont eu les fleurs de lis par conceffion
comme la maifon illuftre de Medici celle de Fernefe, celle de Goulaynes, de
Lavardin-Borote , de Billac , & fur tout
celle de Grequi tres-ancienne, dont l'hi-
ftoire eft fort remarquable.

Ce fut vn feigneur de cette guerriere
maifon, qui partant pour aller faire la
guerre aux Sarrazins rompit en deux vn
anneau, dont il laiffa la moitié à fon ef-
poufe, ieune, belle & fage. Il demeura
feize ans efclave és mains des mécroyans
pendant lequel temps, le Roy qui en a-
voit receu de grands fervices, perfuada
à celle qu'il penfoit fa veuve de côuoler
en autres vœux : à quoy en fin elle con-
fentit par obeiffance & promit mariage
à vn grand Seigneur du pays. Mais fon
premier mary retourna avec le fignal de
l'anneau, le propre iour des efpoufailles
que le Roy avoit voulu honorer de fa
prefence : qui pour tefmoigner fon contentement de ce retour fi heureux , luy

donna choix & option de demander tel
dot qu'il voudroit. Et le Sieur de Cre-
quy ayant recouvré son Roy, sa femme
& ses chevances, ne luy fit autre reque-
ste sinon qu'il luy permit s'armer de lis,
ce que le Roy luy octroya de les porter
par mi-lion. Et depuis ce tems, cette ge-
nereuse famille qui ne portoit que de
gueules à vne rek d'or de plusieurs bran-
ches qu'on voit estre le Nenufar, selon le
vieil blason qui dit,

Tanque, Mailly & Crequi,
Mesme nom, armes, & cri.

A escartelé d'azul à fleurs de lis d'or
sans nombre dans le milieu desquelles
n'aist vn mi-lion d'or ne montrant que la
teste, les pates de devant, & toutes les
espaules. Le Seigneur des-Risser qui en
est venu d'vn cadet porté, escartelé de
Crequi, & d'Amboyse. La maison de
Tanques peint vne Tanche, & celle de
Mailly treize maillets de Synople.

F I N.